Empanadas de carne

por Celenia Chévere y Patricia M. Herbert
ilustrado por Donna Perrone
traducido por Esther Sarfatti

Bebop Books
An Imprint of Lee & Low Books

Cosas que necesitas:

sartén
aceite
sal
carne
cucharas

Mezclamos.

Estiramos.

Rellenamos.

Freímos.

Empanadas de carne. ¡Qué ricas!